Les publicistes modernes de la France : Alexis de Tocqueville

Louis de Loménie

© 2024, Louis de Loménie (domaine public)
Édition : BoD · Books on Demand, 31 avenue Saint-Rémy,
57600 Forbach, bod@bod.fr
Impression : Libri Plureos GmbH, Friedensallee 273,
22763 Hamburg (Allemagne)
ISBN : 978-2-3224-7923-8
Dépôt légal : Janvier 2025

PUBLICISTES

MODERNES

DE LA FRANCE

ALEXIS DE TOCQUEVILLE.

Un homme que l'étranger nous enviait, aussi éminent par le caractère que par le talent, celui de tous nos publicistes philosophes qui, depuis Montesquieu, s'était élevé à la plus haute renommée, un des membres les plus respectés de nos anciennes assemblées délibérantes, M. Alexis de Tocqueville, est mort le 16 avril, à peine âgé de cinquante-trois ans. Il est mort d'une affection de poitrine dont l'origine remontait à son passage aux affaires en 1849. La maladie qui vient de l'emporter avait déjà mis sa vie en péril une première fois il y a quelques années; on croyait l'avoir vaincue, elle n'était qu'assoupie, ou plutôt elle continuait lentement et sourdement ce travail de destruction qui est aujourd'hui accompli. Et cependant telle était la vitalité intellectuelle de l'illustre malade que, se sentant libre de toute atteinte de ce côté-là, gardant un esprit aussi actif et aussi ferme que jamais, il s'est fait illusion jusqu'au dernier moment sur la gravité du danger. Très peu de jours avant sa mort, il écrivait encore de sa main à ses amis des lettres pleines de sérénité et de confiance dans l'avenir. Un des principaux sentimens qui attachaient à la vie cette âme si élevée et si noble était une préoccupation de bien public plus encore que de gloire personnelle : il continuait ardemment cet ouvrage sur *l'Ancien Régime et la Révolution,* dont le volume publié avec tant de succès n'était que la première partie. Après avoir appliqué à l'étude de l'ancienne France cette sagacité analytique et cette puissance de généralisation qu'il possédait à un si haut degré, il avait entrepris le même travail sur la société issue de 1789. Avec ses habitudes d'élaboration patiente et opiniâtre en même temps que fiévreuse, il poursuivait lentement son œuvre, arrêté quelquefois par la douleur, qui minait sa frêle constitution, mais toujours pressé de revenir à ses documens et à ses livres, puisant à toutes les sources d'information, réunissant tous les faits qui devaient lui livrer le secret des maux de la démocratie française et des remèdes appropriés à ces maux. J'ai dit qu'il se faisait illusion sur ses forces; sa confiance habituelle était cependant quelquefois combattue par de vagues pressentimens d'une fin prochaine. Aucun de ses amis ne pourrait relire aujourd'hui sans attendrissement ce passage du volume publié par lui en 1856, dans lequel, après avoir exposé le plan du second ouvrage qui doit compléter le premier, et qu'il a ébauché, il s'arrête et s'écrie : « Me sera-t-il donné de l'achever? Qui peut le dire? La destinée des individus est encore bien plus obscure que celle des peuples. » Sa destinée, hélas! était de mourir avant d'avoir pu terminer cette œuvre, à laquelle il avait voué tout ce qui lui restait de force et de vie. Quelques fragmens seront peut-être en état de voir le jour, mais le monument restera inachevé.

Ainsi tout se réunit pour augmenter les regrets que cette mort inspire. Ce n'est pas un travailleur fatigué qui nous quitte après avoir achevé sa tâche, c'est un travailleur plein de zèle et de feu qui nous est enlevé dans toute sa vigueur intellectuelle et morale, au moment où s'ouvrait encore pour lui un avenir fécond en labeurs utiles à son pays, soit que la Providence, qui, dans ses impénétrables secrets, ne l'a pas voulu, permît encore un rôle actif à ce caractère si ferme, si justement entouré de la considération publique, soit qu'éloigné à jamais de la vie active, il dût se consacrer tout entier à préparer à la liberté les générations futures, en continuant ce haut enseignement de philosophie politique qui a fait la gloire de son nom : il l'avait repris, cet enseignement, avec plus de puissance que jamais, car à tous les dons qui distinguaient autrefois la précoce maturité de sa jeunesse il joignait les fruits d'une expérience de vingt années consacrées aux affaires publiques.

Nous ne nous proposons pas ici d'écrire une étude complète sur la vie et les ouvrages d'Alexis de Tocqueville. Honoré de son amitié, plein du souvenir de toutes les qualités nobles ou charmantes qui le rendaient si cher à tous ceux qui l'ont connu, nous éprouvons un sentiment de douleur qui ne nous laisse pas assez de liberté d'esprit pour entreprendre de consacrer à sa mémoire un hommage digne de lui ; nous essaierons du moins d'esquisser les principaux faits de cette carrière si droite et si pure, les principaux traits de cette raie intelligence et de ce beau caractère.

Alexis de Tocqueville, né en 1805, appartenait à une famille ancienne établie depuis plusieurs siècles en Normandie, dans un manoir du Cotentin, à quelques lieues de Cherbourg et à quelques pas du village de Tocqueville, dont elle avait la seigneurie et dont elle avait pris le nom. Il était le troisième fils du comte de Tocqueville, qui fut préfet sous la restauration et pair de France, homme distingué à tous égards et d'une vitalité d'esprit peu commune, car il avait, je crois, plus de soixante-dix ans lorsque, étranger jusque-là aux travaux littéraires, il composa et publia en 1847 une *Histoire philosophique du Règne de Louis XV*, qui n'est pas aussi philosophique que semble l'indiquer le titre, car la narration y tient plus de place que la dissertation, mais qui est un ouvrage animé, instructif, intéressant, empreint d'un caractère d'impartialité que n'altère aucune prévention en faveur du passé.

Issu d'un père aussi bien doué, Alexis de Tocqueville descendait par sa mère. Mlle de Rosambo, d'un des hommes les plus attachans du XVIIIe siècle, le noble défenseur de Louis XVI, l'éloquent et courageux Malesherbes. Sa première enfance s'écoula au château de Verneuil, près de Mantes, où il était né, et où son père résidait temporairement. Il y put recevoir de bonne heure l'impression de la gloire littéraire, car ses parens eurent souvent pour hôte l'auteur du *Génie du Christianisme*. Chateaubriand était allié au père d'Alexis de Tocqueville par son frère, qui avait épousé aussi une des petites-filles de Malesherbes, et qui était mort sur l'échafaud révolutionnaire avec sa jeune femme, laissant deux fils orphelins dont la tutelle avait été confiée au comte de Tocqueville. Dans ses *Mémoires d'Outre-Tombe*, Chateaubriand consacre quelques lignes à ces souvenirs de Verneuil et à l'enfance d'Alexis de Tocqueville. Celui-ci aimait à rappeler, de son côté, que ses souvenirs d'enfant relativement au mélancolique auteur de *René*, dont la vieillesse fut si triste, se rapportaient à un Chateaubriand très gai, plein de verve et d'entrain, racontant des histoires comiques et jouant des charades.

Élevé au collège de Metz, où son père était préfet sous la restauration, Alexis de Tocqueville fit son droit à Paris, et fut nommé juge-auditeur à Versailles peu de temps avant la révolution de juillet. Le caractère de cette révolution, accomplie au nom de la loi, détermina sans doute l'adhésion du jeune magistrat, dont l'esprit était déjà disposé à préférer les institutions aux hommes. Malgré des influences de famille qui auraient pu l'en détourner, il garda sa situation sous le gouvernement nouveau; néanmoins, tout en conservant d'abord des fonctions auxquelles il renonça plus tard, comme il éprouvait déjà ce besoin d'observer et de comparer les mœurs et les lois des nations qui devait le conduire à la renommée, il demanda et obtint une mission pour aller aux États-Unis étudier le régime des prisons, et il partit avec un de ses plus chers amis, M. Gustave de Beaumont. Les deux voyageurs accomplirent consciencieusement leur tâche : outre six volumes in-folio de documens qu'ils rapportèrent au gouvernement français, ils publièrent en commun en 1833 le fruit de leurs observations sur cette question spéciale en un volume intitulé *Du Système pénitentiaire aux États-Unis.*

Mais déjà une idée bien plus vaste s'était emparée de l'esprit d'Alexis de Tocqueville. En étudiant sur place la démocratie américaine, en voyant à l'œuvre ce genre de gouvernement, la plus récente création des hommes, il comprit tout ce qu'il y avait de force dans le principe d'égalité qui lui sert de base. Tout en tenant grand compte des différences qui naissent des précédens et des mœurs de chaque peuple, il reconnut que ce principe démocratique, dont les conséquences les plus générales étaient partout les mêmes, après avoir établi son empire dans le Nouveau-Monde, tendait de plus en plus à s'emparer de l'ancien, et dès lors il entreprit de l'étudier dans toutes ses manifestations sur le théâtre même de sa pleine puissance, de faire tout à la fois l'anatomie philosophique de la démocratie américaine en particulier et du principe démocratique en général. «J'avoue, écrivait-il plus tard, que dans l'Amérique j'ai vu plus que l'Amérique; j'y ai cherché une image de la démocratie elle-même, de ses penchans, de son caractère, de ses préjugés, de ses passions. J'ai voulu la connaître, ne fût-ce que pour savoir du moins ce que nous devions espérer ou craindre d'elle[1]. » Les deux premiers volumes, consacrés à montrer l'influence qu'exerce en Amérique l'égalité des conditions sur les institutions, les lois, les partis, la marche du gouvernement, la vie politique tout entière, parurent en 1835; ils firent une sensation des plus vives. La solidité du fond, la beauté à la fois élégante et sévère de la forme, la hauteur, la nouveauté des vues, l'enchaînement des idées, la noblesse et la chaleur des sentimens, classèrent immédiatement cet ouvrage parmi les chefs-d'œuvre de notre littérature sérieuse, et l'auteur, à peu près inconnu la veille, se trouva dès son coup d'essai placé au rang des plus grands écrivains et des plus profonds penseurs de notre siècle : il n'avait pas encore trente ans. En ce genre de littérature philosophique et politique, il y a peu d'exemples d'une telle précocité.

Cinq ans après, en 1840, il compléta son œuvre par deux nouveaux volumes, dans lesquels il étudiait l'influence de l'égalité des conditions sur le mouvement intellectuel, moral et social, sur les idées, les sentimens, les mœurs, les goûts des Américains en particulier et des nations démocratiques en général. C'est dans ces deux derniers volumes surtout que l'éloquent publiciste, se dégageant de l'étude exclusive de la société américaine, a répandu, à notre avis, le plus d'idées profondes et neuves sur les sujets les plus variés. Il est tel chapitre de huit pages, celui par exemple qui est intitulé *de quelques tendances particulières aux historiens dans les siècles démocratiques*, où les idées condensées par l'écrivain pourraient fournir la matière d'un livre tout entier. C'est peu de temps après la publication de ces deux derniers volumes que l'auteur, qui faisait déjà partie de l'Académie des Sciences morales et politiques, fut élu membre de l'Académie française.

Nous avons entendu quelquefois des personnes qui, comprenant difficilement qu'un seul ouvrage de premier ordre puisse procurer plus de gloire que dix ouvrages médiocres, demandaient si la renommée d'Alexis de Tocqueville n'avait pas été un peu surfaite, si sa naissance, sa fortune, ses relations sociales n'avaient pas contribué autant que son mérite à l'élever au rang éminent qu'il occupait dans la république des lettres. À cette question on peut faire une réponse bien simple, et à mon sens très concluante. *La Démocratie en Amérique* n'est pas précisément une lecture *amusante* ; jamais écrivain, tout en soignant beaucoup son style pour se satisfaire lui-même, c'est-à-dire pour rencontrer cette expression juste et unique dont parle La Bruyère et qu'aucune autre ne remplace, jamais écrivain ne redouta moins qu'Alexis de Tocqueville d'imposer parfois un certain travail à l'esprit du lecteur. Quelques-uns ont voulu voir en lui un simple imitateur de

Montesquieu : sa manière de saisir et de présenter les questions se ressent en effet de l'étude de l'*Esprit des Lois*, et sous ce rapport la gloire du genre appartient d'abord à l'inventeur et au maître ; mais sans parler ici des différences considérables qui distinguent ces deux penseurs et quant au fond des idées et quant au plan suivi par chacun d'eux, sans nous attacher à montrer que si le plan de Montesquieu est plus vaste, il offre dans l'exécution un ensemble moins méthodique, moins net, plus encombré de détails, plus difficile à résumer, nous nous en tiendrons à la question qui nous occupe spécialement, au genre d'intérêt qui s'attache au style de l'un et de l'autre. Or il nous paraît incontestable qu'Alexis de Tocqueville écrivain est plus affranchi que Montesquieu de toute préoccupation de coquetterie littéraire. Quoique la finesse et la grâce ne lui soient nullement étrangères, c'est surtout par la chaleur du sentiment qui l'anime qu'il contraint le lecteur à le suivre à travers ses déductions philosophiques. On ne le voit point, comme Montesquieu, chercher à réveiller l'attention par des traits d'esprit, des anecdotes, ou à la soulager par des chapitres de quatre ou cinq lignes. Ce n'est pas lui qui aurait commencé l'étude des lois sur le mariage par une traduction de l'invocation à Vénus de Lucrèce, ou qui aurait essayé d'adoucir l'aridité d'un chapitre sur le commerce en le faisant précéder d'une invocation aux muses[2]. Des faits très condensés servant de base à des idées générales exprimées avec une précision rare et très fortement liées par une idée principale qui revient souvent, voilà les traits distinctifs et saillans de l'ouvrage sur *la Démocratie en Amérique.*

Eh bien! cet ouvrage si austère, si élevé, parfois même si abstrait, a eu plus de succès que le roman le plus frivole; il en est aujourd'hui en France à sa treizième édition, il a été traduit dans toutes les langues, et il est quelquefois le sujet des entretiens des hommes éclairés de diverses nations, jusque sous les glaces du pôle. C'est ainsi que nous lisons dans le journal si intéressant d'un officier de marine, le brave et malheureux lieutenant Bellot, que le bâtiment qui le portait se trouvant engagé dans la baie de Baffin, au milieu des glaces, à côté d'un navire des États-Unis, l'ouvrage d'Alexis de Tocqueville fit les frais de la conversation entre l'officier français et le médecin du bâtiment américain : « Le docteur Kane, écrit Bellot, me dit que le livre de M. de Tocqueville est considéré comme tellement exact qu'il est pris pour ouvrage d'éducation aux États-Unis, et donné en lecture aux personnes sérieuses[3]. »

La renommée littéralement *universelle* d'un ouvrage aussi sérieux, cette renommée déjà consacrée par le temps n'est-elle pas le signe le plus incontestable de la supériorité, et ne nous dispense-t-elle pas de défendre le sobre et mâle génie d'Alexis de Tocqueville contre ceux qui méconnaîtraient sa puissance? Disons seulement que si l'auteur de *la Démocratie en Amérique* a pu impunément dédaigner le secours des agrémens du bel-esprit, c'est qu'il a su saisir au corps le fait social le plus important, le plus général et le plus impérieux du XIXe siècle, le pénétrer, l'analyser dans toutes ses parties, le réduire par une synthèse vigoureuse à ses élémens les plus essentiels, et imposer l'attention au public tout à la fois par l'élévation, la profondeur, la netteté de ses idées et l'attrait d'une parole austère qu'émeut la formidable gravité des questions. Comment ne pas s'intéresser à un ouvrage, même un peu abstrait, on l'on rencontre dès le début des pages comme celle-ci?

« Le livre entier qu'on va lire a été écrit sous l'impression d'une sorte de terreur religieuse produite dans rame de l'auteur par la vue de cette révolution irrésistible, qui marche depuis tant de siècles à travers tous les obstacles et qu'on voit encore aujourd'hui s'avancer au milieu des ruines qu'elle a faites.

« Il n'est pas nécessaire que Dieu parle lui-même pour que nous découvrions des signes certains de sa volonté ; il suffit d'examiner quelle est la marche habituelle de la nature et la tendance continue des événemens; je sais, sans que le Créateur élève la voix, que les astres suivent dans l'espace les courbes que son doigt a tracées.

« Si de longues observations et des méditations sincères amenaient les hommes de nos jours à reconnaître que le développement graduel et progressif de l'égalité est à la fois le passé et l'avenir de leur histoire, cette seule découverte donnerait à ce développement le caractère sacré de la volonté du souverain maître. Vouloir arrêter la démocratie paraîtrait alors lutter contre Dieu lui-même, et il ne resterait aux nations qu'à s'accommoder à l'état social, que leur impose la Providence.

« Les peuples chrétiens me paraissent offrir de nos jours un effrayant spectacle ; le mouvement qui les emporte est déjà assez fort pour qu'on ne puisse le suspendre, et il n'est pas encore assez rapide pour qu'on désespère de le diriger : leur sort est entre leurs mains; mais bientôt il leur échappe.

« Instruire la démocratie, ranimer s'il se peut ses croyances, purifier ses mœurs, régler ses mouvemens, substituer peu à peu la science des affaires à son inexpérience, la connaissance de ses vrais intérêts à ses aveugles instincts, adapter son gouvernement aux temps et aux lieux, le modifier suivant les circonstances et les hommes : tel est le premier des devoirs imposés de nos jours à ceux qui dirigent la société.

« Il faut une science politique nouvelle à un monde tout nouveau[4]. »

C'est à trouver les lois de cette science politique nouvelle que l'auteur de *la Démocratie en Amérique* consacre toute la vigueur de son esprit. Il constate que les sociétés modernes, telles que les a faites le christianisme, sont mues en politique par deux idées, deux sentimens, deux forces, l'esprit d'égalité et l'esprit de liberté; que ces deux forces, souvent confondues ou vaguement distinguées avant lui (car nous ne prétendons pas qu'il les ait distinguées le premier), agissent dans un sens très différent et souvent contraire; que l'une, l'esprit d'égalité, est jusqu'ici beaucoup plus puissante que l'autre, qu'elle a une sphère d'action beaucoup plus étendue, et que cependant l'esprit de liberté, plus indispensable encore à la vie morale des nations, est la seule digue qui puisse préserver l'humanité des dangers où l'entraîne le courant démocratique. Chercher les moyens de concilier ces deux forces en donnant à l'une ce que l'autre a de trop, et en les faisant concourir toutes deux au progrès régulier de l'individu et de la société, tel est en substance le problème que se posa Alexis de Tocqueville.

Si la façon dont il le posait et le discutait devait frapper les esprits judicieux, elle était aussi de nature à étonner et à irriter même les esprits ardens. Qu'on se souvienne de ce qu'était la France en 1835, avide en apparence de discussions et de liberté, jouissant avec délices du droit de tout juger, de tout contrôler, de tout dire, sinon de tout faire, et comprenant à peine qu'on pût supposer qu'elle y renoncerait!... C'est à ce moment qu'un écrivain, un philosophe de trente ans, venait lui démontrer dogmatiquement qu'elle était beaucoup moins libérale qu'elle ne le croyait, que l'esprit démocratique, qui était avant tout le sien, engendrait avec tous ses avantages une série d'idées, de goûts, de besoins, d'habitudes difficiles à concilier avec l'esprit de liberté, si bien qu'il pouvait arriver d'un moment à l'autre, pour peu que sa sécurité matérielle fût mise en péril, qu'elle s'arrangeât assez aisément, assez paisiblement, d'un pouvoir très fort et plus concentré que le pouvoir de Louis XIV.

Cette démonstration, qui résultait implicitement de chacun des chapitres des deux premiers volumes de *la Démocratie en Amérique,* et qui était encore plus accentuée dans les deux derniers, souleva de grandes clameurs parmi les démocrates d'alois; ils déclarèrent qu'Alexis de Tocqueville ne comprenait rien à la démocratie, inséparable, suivant eux, de la liberté, et qu'il n'y comprenait rien, parce qu'il n'était au fond qu'un aristocrate déguisé. Et cependant rien n'était plus nettement formulé que la déclaration d'impuissance adressée par l'éminent publiciste à toute tentative pour restaurer en France, directement ou indirectement, les privilèges aristocratiques. Cette idée reparaît sans cesse dans son livre, et surtout dans cette belle page, où elle est rendue avec autant de netteté que de force : « Je suis convaincu que tous ceux qui, dans les siècles où nous entrons, essaieront d'appuyer la liberté sur le privilège et l'aristocratie échoueront; tous ceux qui voudront attirer et retenir l'autorité dans le sein d'une seule classe échoueront. Il n'y a pas, de nos jours, de souverain assez habile et assez fort pour fonder le despotisme en rétablissant des distinctions permanentes entre ses sujets; il n'y a pas non plus de législateur si sage et si puissant qui soit en état de maintenir des institutions libres, s'il ne prend l'égalité pour premier principe et pour symbole. Il faut donc que tous ceux de nos contemporains qui veulent créer ou assurer l'indépendance et la dignité de leurs semblables se montrent amis de l'égalité, et le seul moyen digne d'eux de se montrer tels, c'est de l'être: le succès de leur sainte entreprise en dépend. Ainsi il ne s'agit point de reconstruire une société aristocratique, mais de faire sortir la liberté du sein de la société démocratique où Dieu nous fait vivre[5]. »

Nous n'entrerons pas dans le détail des moyens que l'auteur indique comme propres à faire vivre ensemble la liberté et la démocratie. Il suffit de reproduire sur ce grave sujet quelques lignes qui résument l'esprit de la politique d'Alexis de Tocqueville :

« Fixer au pouvoir social des limites étendues, mais visibles et immobiles, donner aux particuliers de certains droits et leur garantir la jouissance incontestée de ces droits, conserver à l'individu le peu d'indépendance, de force et d'originalité qui lui restent, le relever à côté de la société et le soutenir en face d'elle : tel me paraît être le premier objet du législateur dans rage où nous entrons.

« On dirait que les souverains de notre temps ne cherchent qu'à faire avec les hommes des choses grandes. Je voudrais qu'ils songeassent un peu plus à faire de grands hommes, qu'ils attachassent moins de prix à l'œuvre et plus à l'ouvrier, et qu'ils se souvinssent sans cesse qu'une nation ne peut rester longtemps forte quand chaque homme y est individuellement faible, et qu'on n'a point encore trouvé de formes sociales ni de combinaisons politiques qui puissent faire un peuple énergique en le composant de citoyens pusillanimes et mous[6]. »

Appelé en mars 1839 à la chambre des députés par les électeurs du département de la Manche et de l'arrondissement de Valogues, Alexis de Tocqueville s'y montra constamment l'homme de ses doctrines. Il y arrivait, comme il le disait lui-même dans un de ses premiers discours, étranger à tout engagement et à tout esprit de parti; s'il inclina de plus en plus vers l'opposition, c'est que sur la base étroite qui portait la monarchie de juillet il voyait s'établir insensiblement des habitudes politiques et des procédés de gouvernement qu'il considérait comme très dangereux pour la conservation de cette monarchie, car il était très désireux de conserver, en élargissant sa base, ce gouvernement monarchique, démocratique et représentatif, qui, dans l'état présent de la France, lui paraissait le plus propre à résoudre le problème social tel que lui-même l'avait posé, et très préoccupé aussi de la crainte qu'une révolution nouvelle ne vînt remettre en question toutes les conquêtes de la liberté. C'était précisément cette crainte incessante d'une révolution nouvelle qui le rendait parfois si ardent contre certains actes du pouvoir. Quand plus tard tous les combattans se trouvèrent également mis hors de combat, il consentait très volontiers à oublier les luttes qui l'avaient séparé de quelques hommes éminens comme lui et libéraux comme lui. Il rendait justice aux intentions et aux talens de chacun. Il disait volontiers : « Nous sommes tous des vaincus, et nous aurions mauvaise grâce à nous quereller dans notre commune défaite; » mais d'un autre côté, s'il aimait la paix entre vaincus, il faut bien ajouter, pour être exact, qu'il n'aimait pas plus qu'un autre qu'elle se fît à ses dépens ni aux dépens de ses doctrines, et que, semblable d'ailleurs en cela à tous les hommes dont les convictions sont très arrêtées, il ne voyait dans le présent qu'un motif de plus de croire qu'il avait eu raison dans le passé.

Il était du reste en droit autant que personne de n'éprouver que de la tristesse sans repentir, car il avait montré dans plus d'une circonstance, où de différens côtés la sagesse avait peut-être cédé à la passion, qu'il était un homme d'état plus qu'un homme de parti, et que ses passions étaient toujours dominées et réglées par ses principes. Nous pourrions citer ici un curieux discours prononcé par lui le 18 janvier 1842, dans lequel, insistant sur les conséquences, suivant lui funestes, des grands conflits personnels qui avaient agité la chambre en 1839, blâmant également tous ceux qui y avaient pris part, et ramenant tout à son idée fixe, la fragilité des institutions libres dans un pays tel que le nôtre, il indique hardiment, dans un avenir prochain peut-être, un genre de danger que personne ne prévoyait alors, celui de l'abandon par la France du gouvernement parlementaire et de son remplacement par un régime tout différent. Nous ne reproduirons pas ce discours, parce qu'il nous paraît inutile de réveiller des débats aujourd'hui éteints, et dont l'appréciation appartient à l'histoire. Nous parlerons seulement de l'attitude que prit Alexis de Tocqueville dans les orageuses luttes qui précédèrent la révolution de février. Cette attitude offre un caractère de sagesse et de clairvoyance si marqué, que c'est pour nous un devoir absolu de la mettre en pleine lumière.

Il voulait la réforme électorale et la réforme parlementaire; il combattit vivement pour elles, mais à la tribune seulement. Quand la plupart de ses amis politiques s'associèrent au pai ti radical et entreprirent d'agiter le pays, persuadé que la nation française n'était pas assez formée à la vie publique pour pouvoir être ainsi impunément remuée, que, s'il était facile de mettre la multitude en mouvement, il était beaucoup plus difficile de l'arrêter, et qu'enfin il valait mieux attendre plus longtemps une victoire certaine que d'en compromettre les résultats par l'emploi de moyens dangereux. Alexis de Tocqueville refusa énergiquement de prendre la moindre part à ce qu'on a appelé la campagne des banquets, soit en province, soit à Paris. En revanche, à mesure que l'agitation allait croissant au milieu de la confiance aveugle des uns et du dédain également aveugle des autres, ses anxiétés patriotiques redoublaient, ses adjurations à la majorité et au ministère devenaient de plus en plus ardentes, pressantes, éloquentes et vraiment prophétiques. On ne peut relire aujourd'hui sans une espèce de frisson ce passage d'un discours du député de la Manche prononcé le 27 janvier 1848, c'est-à-dire un mois à peine avant la commotion qui allait bouleverser la France et l'Europe :

« Est-ce que vous ne ressentez pas, messieurs, par une sorte d'intuition instinctive, qui ne peut pas se discuter, s'analyser peut-être, mais qui est certaine, que le sol tremble de nouveau en Europe? Est-ce que vous n'apercevez pas... que dirai-je? un vent de révolution qui est dans l'air? Ce vent, on ne sait pas où il naît, d'où il vient, ni, croyez-le bien, qui il enlève. Et c'est dans de pareils temps que vous restez calmes en présence de la dégradation des mœurs publiques, car le mot n'est pas trop fort!...

« Je parle ici sans amertume, je vous parle, je crois même, sans esprit de parti, j'attaque des hommes contre lesquels je n'ai pas de colère, mais enfin je suis obligé de dire à mes antagonistes et à mon pays ce qui est ma conviction profonde et arrêtée. Eh bien! ma conviction profonde et arrêtée, c'est que les mœurs publiques se dégradent, c'est que la dégradation des mœurs publiques nous amènera dans un temps court, prochain peut-être, à des révolutions nouvelles... Est-ce que vous avez à l'heure où nous sommes la certitude d'un lendemain? est-ce que vous savez ce qui peut arriver en France d'ici à un an, à un mois, à un jour peut-être? Vous l'ignorez.

« Mais ce que vous savez, c'est que la tempête est à l'horizon, c'est qu'elle marche sur vous. Vous laisserez-vous prévenir par elle? Messieurs, je vous supplie de ne pas le faire, je ne vous le demande pas, je vous en supplie; je me mettrais volontiers à genoux devant vous, tant je crois le danger réel et sérieux, tant je pense que le signaler n'est pas recourir à une vaine forme de rhétorique. Oui, le danger est grand, conjurez-le quand il en est temps encore. »

Le danger ne fut ni conjuré ni combattu. Lorsque la tempête eut renversé à la fois tous les pouvoirs sociaux, Alexis de Tocqueville n'hésita i)as à se mettre de nouveau au service de son pays pour la fondation d'un gouvernement régulier et libre. La même confiance que lui avaient accordée les électeurs censitaires, il la retrouva plus vive encore chez les électeurs du suffrage universel. Entré à l'assemblée constituante, ses travaux, sa renommée de publiciste, son caractère respecté de tous les partis, l'appelèrent naturellement à siéger dans le comité de constitution. Il avait trop profondément étudie l'histoire, les mœurs et l'esprit de notre nation, pour ne pas se défier beaucoup de son aptitude à vivre sous un gouvernement républicain; cependant la France tout entière semblait vouloir cette expérience. Il s'y consacra loyalement, sans arrière-pensée, travaillant de son mieux à écarter ce qui devait l'empêcher de réussir; mais le vent révolutionnaire qui soufflait alors sur les esprits était plus fort que lui : il ne put empêcher cette vicieuse organisation des rapports du pouvoir législatif et du pouvoir exécutif qui créait entre eux un antagonisme forcé et insoluble, dont le résultat, en se combinant avec les folies démagogiques, devait bientôt dégoûter le pays, non-seulement de la république, mais même de la liberté.

Après le vote qui appela le prince Louis-Napoléon à la présidence du nouveau gouvernement, Alexis de Tocqueville, dégagé de tout parti-pris monarchique ou dynastique, préoccupé avant tout de ce qui avait été la pensée de toute sa vie, de maintenir dans son pays des institutions libres, consentit à accepter une place dans le premier ministère formé par le chef de l'état. Il espérait que sous l'influence du sentiment des dangers et des maux d'une solution violente, qui devait peser également sur tous les bons esprits, un accord sincère pourrait s'établir entre le président et la majorité de l'assemblée législative, pour sortir régulièrement et pacifiquement de l'impasse où l'on se trouvait : améliorer d'abord et ensuite prolonger la situation sans engager l'avenir. Cette espérance, que les habiles dogmatiseurs après coup du fait accompli peuvent qualifier de chimérique, ne dura pas longtemps; mais ce qui prouve que la clairvoyance habituelle d'Alexis de Tocqueville ne l'abandonnait point, c'est que du jour où cette espérance ne fut plus la sienne, il ne partagea plus aucune des illusions dont se berçaient alors les différens partis qui divisaient l'assemblée. Nous avons sous les yeux une lettre écrite par lui à un de ses plus intimes amis le 26 octobre 1849, quelques jours avant le renvoi du ministère dont il faisait partie. Dans cette lettre, où il signale les torts de chacun et regrette que les chefs de la majorité de l'assemblée n'aient pas voulu accepter les nécessités de la situation, en soutenant plus énergiquement et plus constamment un ministère de conciliation et de légalité, Alexis de Tocqueville ne craint pas d'annoncer de la façon la plus précise l'événement qui devait arriver deux ans plus tard, et ne paraît pas douter du succès. Il va sans dire que cette conviction où il était du sort qui attendait l'assemblée ne le rendit que plus résolu à ne point se séparer d'elle : il appuya toutes les propositions qui avaient pour but de la défendre, et s'associa à tous les actes de résistance légale qui suivirent sa dissolution.

Rentré dans la vie privée et consacrant les loisirs que lui faisait le nouvel état politique de la France à méditer sur les causes qui l'avaient produit, Alexis de Tocqueville voulut se rendre compte du spectacle que nous offrons au monde depuis 1789, des démentis que nous nous donnons à nous-mêmes, des élans, des retours, des mouvemens en sens contraire qui composent notre histoire politique depuis cette mémorable époque; mais avant d'étudier la France de la révolution, il éprouva le besoin de connaître à fond la France de l'ancien régime, et de voir comment l'une était sortie de l'autre. Fidèle à ses habitudes d'esprit incompatibles avec l'érudition de seconde main, ce n'est point aux livres écrits sur l'ancien régime qu'il s'adressa pour le connaître, mais à tous les témoignages directs qu'il a laissés de lui-même. Fouillant dans les archives de nos départemens, il y chercha avec soin comment vivaient entre elles les diverses classes de la société au XVIIIe siècle, et quels étaient leurs rapports avec le pouvoir central. De ces recherches sortit un volume dans lequel l'auteur pose et résout les questions les plus importantes, les plus variées et les plus difficiles. Sans entrer dans l'examen détaillé d'un ouvrage qui a déjà trouvé ici même un appréciateur éminent, M. de Rémusat, nous voulons rappeler et mettre en relief le côté le plus curieux et le plus nouveau de ce livre.

L'originalité ne consiste pas ici en ce que l'auteur nous prouve à sa manière, après plusieurs autres, que la révolution ne fut point un accident fortuit né de telle ou telle cause passagère ou un accès de fièvre cérébrale que Dieu infligeait soudainement à la France pour la punir de ses méfaits. Cependant, si les esprits sérieux avaient encore besoin de se convaincre que la révolution qui a éclaté en 1789 datait de très loin, qu'elle est le résultat du travail de plusieurs siècles, le produit de causes très profondes et très diverses, c'est dans l'ouvrage d'Alexis de Tocqueville qu'ils en trouveraient la plus solide démonstration; mais à côté de cette démonstration on en rencontre une autre plus neuve : c'est que ce mouvement, qui entraînait la société française tout entière vers une grande transformation, avait déjà produit, au moment où la révolution éclata, un état de choses beaucoup plus semblable sous quelques rapports qu'on ne le croit communément à l'état de choses que nous avons l'habitude d'attribuer à la i-évolution elle-même, de telle sorte que cette révolution, si radicale par certains côtés, n'a été à la longue par certains autres qu'une imitation exagérée de l'ancien régime. Ainsi nous sommes accoutumés à nous représenter la France qui précède S9 comme un pays à peu près désorganisé, en proie à l'anarchie officielle : en haut par le conflit permanent des parlemens et de la royauté, des parlemens et du clergé, en bas par le conflit des juridictions, des prétentions des légistes et des nobles, l'incohérente diversité des législations. C'est de ce chaos que nous faisons sortir la révolution. Tout cela existait certainement, mais c'est la partie la plus apparente du spectacle, ce n'est peut-être pas la principale; derrière cette façade représentant une société aristocratique en dissolution, Alexis de Tocqueville nous montre un édifice nouveau déjà presque tout formé, une centralisation administrative déjà très puissante, de plus en plus envahissante, éteignant la vie locale partout, sauf dans les pays d'état, qui échappent un peu plus à son action, mais qui forment à peine le quart de la France, se substituant partout aux corporations, aux municipalités, aussi bien qu'aux juridictions seigneuriales, et toutes choses enfin marchant déjà comme aujourd'hui par le ministre assisté du conseil du roi ou conseil d'état, par l'intendant de chaque province, c'est-à-dire le préfet, et par le subdélégué, équivalent du sous-préfet. La plus grande partie de ce que nous nommons les *conquêtes de la révolution* serait donc en réalité un produit de l'ancien régime.

Dans cette centralisation administrative antérieure à la révolution, Alexis de Tocqueville voit la cause de plusieurs des caractères que celle-ci présente; nous n'en signalerons qu'un des plus importans. En achevant de ruiner les influences aristocratiques, cette centralisation contribua à rendre de plus en plus odieux les privilèges qu'elle laissait à l'aristocratie; grâce à elle, la noblesse, de plus en plus éloignée de toute participation aux affaires locales, ne fut plus qu'une caste aussi inutile qu'insupportable à la nation, car on y entrait pour de l'argent, on n'y contractait et on n'y remplissait aucun devoir particulier, et on y gagnait le droit de faire subir au peuple une foule de vexations de détail et de s'exempter de l'impôt, qui pesait presque tout entier sur le pauvre. C'est en rappelant cette immunité d'impôts, le plus inique et le dernier des privilèges auquel s'attacha la noblesse française, qu'Alexis de Tocqueville signale l'esprit bien différent de l'aristocratie anglaise, qui se taxe pour les pauvres au lieu de leur imposer des taxes, et qu'il fait ce rapprochement aussi juste que frappant. « Considérez, je vous prie, où des principes politiques différens peuvent conduire des peuples si proches. Au XVIIIe siècle, c'est le pauvre qui jouit en Angleterre du privilège en matière d'impôt; en France, c'est le riche. Là l'aristocratie a pris pour elle les charges publiques les plus lourdes, afin qu'on lui permît de gouverner; ici elle a retenu jusqu'à la fin l'immunité d'impôt pour se consoler d'avoir perdu le gouvernement. » Ainsi extension toujours croissante de la centralisation administrative, déchéance toujours croissante de l'aristocratie, devenant de jour en jour plus débile sans cesser d'être oppressive, telles sont les deux principales sources d'où l'auteur fait découler et l'objet principal et le principal caractère de la révolution. Son objet principal a été de détruire tout ce qui restait des institutions du moyen âge, et son principal caractère est la passion de l'égalité. Ce n'est pas qu'Alexis de Tocqueville nie le rôle de l'esprit de liberté dans la révolution française, il reconnaît qu'il fut grand aussi, quoique cet esprit fût plus récent et moins enraciné que l'autre.

« Vers la fin de l'ancien régime, dit-il, ces deux passions sont aussi sincères et paraissent aussi vives l'une que l'autre. A l'entrée de la révolution, elles se rencontrent; elles se mêlent alors et se confondent un moment, s'échauffent l'une l'autre dans le contact, et enflamment enfin à la fois tout le cœur de la France. C'est 89, temps d'inexpérience sans doute, mais de générosité, d'enthousiasme, de virilité et de grandeur, temps d'immortelle mémoire, vers lequel se tourneront avec admiration et avec respect les regards des hommes, quand ceux qui l'ont vu et nous-mêmes aurons disparu depuis longtemps. Alors les Français furent assez fiers de leur cause et d'eux-mêmes pour croire qu'ils pouvaient être égaux dans la liberté. Au milieu des institutions démocratiques, ils placèrent donc partout des institutions libres. Non-seulement ils réduisirent en poussière cette législation surannée qui divisait les hommes en castes, en corporations, en classes, et rendaient leurs droits plus inégaux encore que leurs conditions, mais ils brisèrent d'un seul coup ces autres lois, œuvres plus récentes du pouvoir royal, qui avaient ôté à la nation la libre jouissance d'elle-même, et avaient placé à côté de chaque Français le gouvernement pour être son précepteur, son tuteur, et, au besoin, son oppresseur. Avec le gouvernement absolu, la centralisation tomba[Z]. »

Mais cette fusion des deux principes dura peu; Alexis de Tocqueville nous montre bientôt leur divorce. Tandis que l'esprit de liberté, découragé comme toujours par l'anarchie, s'affaiblit dans les âmes, la centralisation renaît de ses cendres, les habitudes, les mœurs, les idées qu'elle a fait naître de longue date, concourent à faciliter sa résurrection et à rendre plus difficile la pratique des institutions libres. C'est ce beau moment de 89 qui brille comme un jalon lumineux au point de départ de la révolution pour la ramener sans cesse dans la bonne voie dont elle s'écarte sans cesse, que nous aurions aimé à voir soumis à la pénétrante analyse de l'illustre écrivain: c'était là un des principaux objets du second ouvrage qu'il méditait et qu'il laisse malheureusement à l'état d'ébauche; mais il nous en dit assez pour nous permettre de rattacher sa conclusion aux conclusions précédemment émises par lui dans *la Démocratie en Amérique*.

Oui, depuis que la révolution a commencé jusqu'à nos jours, la passion de la liberté inexpérimentée, mal réglée, facile à décourager, à effrayer et à vaincre, ne s'est guère produite dans notre pays qu'avec des alternatives de fièvre et de défaillance, tandis que la passion de l'égalité occupe toujours le fond des cœurs, dont elle s'est emparée la première. Et cependant en dehors de l'état de guerre, où la dictature a sa raison d'être, la liberté reste non-seulement le besoin le plus impérieux de toutes les nobles âmes, qui l'aiment pour elle-même, comme le dit si bien Alexis de Tocqueville, « pour ses charmes propres indépendans de ses bienfaits, pour le plaisir de pouvoir parler, agir, respirer sans contrainte sous le seul gouvernement de Dieu et des lois ; »

mais elle reste encore l'unique remède qui puisse lutter efficacement contre les vices naturels aux sociétés démocratiques. Quelques-uns de ces vices peuvent être combattus passagèrement sans elle; mais elle seule est l'antidote naturel et souverain. « Il n'y a que la liberté, dit l'auteur de *l'Ancien Régime et de la Révolution,* qui puisse retirer les citoyens de l'isolement dans lequel l'indépendance même de leur condition les fait vivre pour les contraindre à se rapprocher les uns des autres, qui les réchauffe et les réunit chaque jour par la nécessité de s'entendre, de se persuader et de se complaire mutuellement dans la pratique d'affaires communes. Seule elle est capable de les arracher au culte de l'argent et aux petits tracas journaliers de leurs allaires particulières pour leur faire apercevoir à tout moment la patrie au-dessus et à côté d'eux. Seule elle substitue de temps à autre à l'amour du bien-être des passions plus énergiques et plus hautes, fournit à l'ambition des objets plus grands que l'acquisition des richesses, et crée la lumière qui permet de voir et de juger les vices et les vertus des hommes[8]. »

Personne plus qu'Alexis de Tocqueville n'était à l'aise pour invoquer cette lumière de la publicité qui permet de voir et de juger les vices et les vertus des hommes: il ne la redoutait pas : dans sa vie privée comme dans sa vie publique, il restait l'homme de ses principes, ou plutôt les préoccupations de l'homme public le suivaient jusque dans la vie privée.

Nous abordons ici un des points les plus intéressans et les moins connus de ce noble caractère. Nous axons vu par l'exposé de ses doctrines que dans sa conviction la liberté ne pouvait s'établir en France que sur une base essentiellement démocratique; il pensait aussi (car il n'était pas de ceux qui croient qu'il suffit d'affaiblir le pouvoir pour établir la liberté), il pensait, il le dit expressément, « qu'il est tout à la fois nécessaire et désirable que le pouvoir central qui dirige une nation démocratique soit actif et puissant. Il ne s'agit point de le rendre faible ou indolent, mais seulement de l'empêcher d'abuser de son agilité et de sa force[9]. » Tout moyen destiné à remplir cette condition, mais pris en dehors du principe démocratique, en dehors du libre concours de tous à tout, lui paraissait radicalement frappé d'impuissance. Dès lors il voyait le salut de la société dans la formation naturelle du seul genre d'aristocratie que la démocratie comporte, aristocratie mobile composée de tous ceux que les avantages de l'instruction, les loisirs d'une fortune acquise ou conservée, mettent à même, s'ils le veulent, d'exercer autour d'eux, sur toute la surface du pays, une influence légitime, et de servir d'intermédiaires entre le gouvernement et la masse de la nation.

Les plus farouches démocrates, à moins qu'ils ne prétendent rétablir l'Agora d'Athènes, où le peuple se livrait directement à la discussion des affaires publiques, tandis que les esclaves tournaient la meule ou cultivaient la terre, — les plus farouches démocrates sont bien forcés d'admettre qu'il n'y a pas de milieu entre la soumission de tous à la volonté d'un seul et l'intervention sérieuse, permanente, en même temps que régulière du pays, dans ses grandes et dans ses petites affaires, au moyen d'une série de corps électifs composés par le peuple lui-même des citoyens réputés par lui les plus éclairés et les plus honnêtes. Que la pratique sincère de ce gouvernement démocratique et représentatif, que le mouvement régulier de tous ces corps électifs tournant à la fois sur eux-mêmes et autour du pouvoir central, garantissant la liberté sans troubler l'ordre et sans porter atteinte à l'égalité, — que tout cela soit difficile à concilier avec les habitudes que nous tenons du passé, avec la centralisation administrative et avec quelques-uns des vices du cœur humain que la démocratie elle-même favorise, on ne saurait le contester, et cette difficulté est un des points sur lesquels l'auteur de *la Démocratie en Amérique* et de *l'Ancien Régime et la Révolution* a toujours insisté le plus fortement. Cependant, comme après tout la solution de ce problème, malgré les difficultés qu'y ajoutent nos mœurs et nos goûts, est de toutes les tendances de l'esprit moderne celle qui, après la passion de l'égalité, paraît la plus invincible, celle dont la satisfaction peut bien être quelquefois ajour- née ou éludée sous l'influence de circonstances particulières, mais ne pourra jamais être irrévocablement écartée; comme enfin la solution du problème dépend surtout des progrès que fera l'esprit de gouvernement dans le sens démocratique parmi les classes éclairées de la nation, Alexis de Tocqueville avait été tout naturellement amené à essayer de pratiquer lui-même dans sa sphère d'action le genre de conduite qu'il recommande dans ses livres, et à devenir un type très complet de ce que devrait être en France tout citoyen aisé et intelligent pour rester un homme influent dans une démocratie, et pouvoir s'arranger indifféremment de tous les modes d'application du principe électif, depuis le suffrage le plus restreint jusqu'au suffrage universel. Pour bien connaître l'auteur de *la Démocratie en Amérique*, il faut l'avoir vu dans son arrondissement, en particulier dans son canton, où était le siège principal de son influence. Il n'avait pas ce qu'on peut appeler une très grande fortune : elle s'était récemment augmentée par la mort de son père, qui a précédé sa mort de très peu d'années; mais durant plus de vingt ans elle n'avait pas dépassé 20,000 francs de rente. Il y a certainement encore en France un grand nombre de propriétaires dont la fortune égale ce chiffre. Il avait, il est vrai, un avantage plus rare peut-être, celui d'être établi dans un canton où sa famille avait joué un rôle important depuis plusieurs siècles. Il y avait même au village de Tocqueville un fait de perpétuité héréditaire beaucoup moins commun que le précédent : à côté de la famille des anciens seigneurs s'était maintenue la famille des anciens syndics, devenus maires du village de père en fils. Le dernier maire descendant de ces anciens syndics, fermier et petit propriétaire lui-même, continuait avec le représentant des Tocqueville les rapports de déférence affectueuse et confiante d'une part, de cordiale bienveillance de l'autre, qui avaient uni jadis les deux familles. Mais si ces faits exceptionnels pouvaient faciliter, sous certains rapports, l'influence d'Alexis de Tocqueville dans son canton, on reconnaîtra sans peine qu'à une époque telle que la nôtre, pour un homme qui n'aurait pas su ou n'aurait pas voulu se conformer à l'esprit de son siècle, ces mêmes faits auraient pu être aussi bien un obstacle qu'un avantage.

S'ils étaient un avantage de plus pour lui, c'est qu'il avait su transformer l'ancien patriciat de sa famille en un véritable patronage démocratique. Partant de ce principe, que la première condition pour être aimé du peuple, c'est de l'aimer et de le servir, il l'aimait sincèrement et le servait activement; aucune affaire intéressant soit sa commune, soit son canton, soit même des particuliers lésés dans leur droit, ne lui restait indifférente, quoiqu'elle lui fût personnellement étrangère, et jamais ses intérêts privés n'étaient recherchés aux dépens des intérêts de tous. S'il demandait par exemple au conseil municipal de sa commune la suppression d'un chemin qui lui était incommode, ce n'était jamais qu'en offrant à la commune en échange sur ses propriétés un chemin beaucoup plus large et plus commode. L'assistance perpétuelle qu'il donnait aux pauvres se donnait sans étalage et avec une délicatesse telle que nous connaissons plusieurs hôtes du château de Tocqueville à qui nous avons appris (et nous l'avions appris nous-même par hasard) que chaque semaine on fabriquait au château le pain des pauvres. Cette part des pauvres était sans doute portée discrètement à domicile, car on ne voyait jamais un seul pauvre autour du manoir. On n'en voyait pas davantage dans le village même de

Tocqueville : toutes les misères étaient placées directement sous la surveillance et la protection des maîtres du château, ainsi que tous les établissemens ayant pour but l'instruction des enfans du peuple.

Jusqu'ici on peut dire que ces procédés ne sont pas absolument rares, que d'autres aussi les emploient, et souvent sans obtenir l'extrême popularité qu'ils valaient à M. de Tocqueville; mais il faut ajouter que dans les cas de ce genre la forme est souvent aussi importante que le fond, et que sous ce rapport l'attitude de l'illustre écrivain avec les paysans, les ouvriers ou les bourgeois de son canton offrait une nuance particulière que nous avons bien rarement rencontrée chez d'autres hommes placés dans les mêmes circonstances que lui. Dégagée de toute espèce de morgue, sa tenue n'était pas moins étrangère à cette sorte d'affabilité accentuée à travers laquelle perce la condescendance calculée d'un personnage important qui veut être populaire. C'était une attitude *sui generis*, quelque chose de très simple et de très cordial, mais de très calme, plutôt froid que démonstratif, encourageant néanmoins la confiance, mais écartant la familiarité, et cependant respirant l'absence de toute préoccupation de supériorité. Du jour que devant lui-même nous cherchions à analyser ce genre de tenue instinctif chez lui et qui nous frappait : « Le sentiment qui me domine, nous dit-il, quand je me trouve en présence d'une créature humaine, si humble que soit sa condition, est celui de l'égalité originelle de l'espèce, et dès lors je me préoccupe encore moins peut-être de lui plaire ou de la servit que de ne pas offenser sa dignité. »

Cette ligne de conduite, dictée par les sentimens de son cœur, la tournure de son esprit et de son caractère, le rendaient tout naturellement et en tout fort attentif à tenir grand compte non-seulement des goûts, mais des susceptibilités de la démocratie, et à toutes les vertus du patronage qu'il exerçait, il joignait toutes les habiletés que de nos jours ce patriciat exige. Citons seulement à l'appui un détail que nous tenons de lui-même. Il y avait jadis dans le chœur de l'église du village de Tocqueville un banc assez somptueux, réservé de temps immémorial aux châtelains, et qui avait traversé les époques les plus révolutionnaires sans être supprimé. Ce banc, qui ne choquait personne dans la commune, tenait néanmoins beaucoup de place, et il suffisait qu'il put inspirer à quelqu'un l'idée qu'il était gênant pour qu'Alexis de Tocqueville prît la résolution de le faire enlever. D'un autre côté, comme il ne voulait pas avoir l'air de le supprimer par une mesure spéciale dont les gens du village auraient pu se demander la cause, et où ils auraient pu voir soit une faiblesse, soit un calcul de popularité, il attendit patiemment qu'une réparation générale se fît dans l'église, et un beau jour, à la suite de cette réparation générale, on vit le banc seigneurial supprimé et remplacé par un banc beaucoup plus modeste, placé à la lisière du chœur, tout à côté et sur la même ligne que le banc du maire et du conseil municipal.

C'est en combinant ainsi le dévouement le plus actif à ses concitoyens avec le respect scrupuleux de la dignité des plus humbles et une connaissance exacte de l'esprit des hommes de son temps, qu'Alexis de Tocqueville avait su se créer dans son canton, sous l'empire du principe électif, une puissance plus grande que celle dont aucun de ses ancêtres avait jamais joui sous le régime de l'hérédité des fonctions et du privilège. La popularité dont il était l'objet prenait quelquefois des formes que l'esprit normand rendait piquantes. Ainsi il aimait à raconter qu'en 1848, lors de la première application du suffrage universel, il était venu à pied voter à Saint-Pierre-Église, chef-lieu du canton, avec le maire, le curé et tous les électeurs de Tocqueville et des environs. Il était très fatigué, et, appuyé contre un des piliers de la halle de Saint-Pierre, il se plaignait de sa lassitude à ses compagnons de route groupés autour de lui, lorsqu'un vieux paysan du canton qu'il ne connaissait pas s'approche et lui dit avec l'accent du terroir : «Ça m'étonne bien, monsieur de Tocqueville, que vous soyez fatigué, car nous vous avons tous porté dans notre poche. » Tous en effet sans exception portaient dans leur poche le bulletin contenant son nom.

Quelquefois aussi le sentiment affectueux dont il était l'objet s'exprimait avec une nuance de fatuité populaire qui ne lui était point désagréable. Ainsi nous le faisions rire un jour en lui racontant qu'un voiturier qui nous avait conduit à Tocqueville nous disait : « M. de Tocqueville est très aimé du peuple, mais aussi *il s'en montre bien reconnaissant.* »

Le voiturier renversait peut-être un peu les rôles, mais il n'importait guère de quel côté devait être la reconnaissance, pourvu que des deux côtés l'attachement fut sincère et profond.

Nous venons de parler de tout le bien qu'Alexis de Tocqueville faisait autour de lui. Hélas! nous osons à peine ajouter, tant nous craignons de toucher à une de ces douleurs pour lesquelles il n'y a pas de consolation ici-bas, nous osons à peine ajouter que ce bien, il ne le faisait pas tout seul, qu'il était dignement secondé par la noble compagne de sa vie, parcelle qui depuis vingt-cinq ans partageait tous ses sentimens, toutes ses pensées, qui ne vivait que pour lui, et que sa mort laisse dans un vide affreux, car la Providence leur avait refusé des enfans, la grande joie du mariage. Cette circonstance, qui chez les âmes vulgaires relâche quelquefois le lien conjugal, n'avait fait ici que le resserrer plus étroitement. Jamais deux âmes d'élite ne furent plus intimement confondues. Libres par leur fortune de venir chercher à Paris toutes les distractions mondaines, on les voyait préférer, après vingt-cinq ans de mariage, la solitude et souvent le tête-à-tête de la campagne, même pendant l'hiver, occupés tous deux soit à embellir encore le charmant séjour qu'ils habitaient et qu'ils avaient déjà tant embelli, en fournissant ainsi du travail aux pauvres, soit à secourir les pauvres incapables de travail, soit à surveiller les écoles du village. Tandis qu'il se partageait entre les soins agricoles, les affaires de la commune et ses travaux littéraires, Alexis de Tocqueville trouvait dans sa compagne une constante préoccupation à éloigner de lui toute cause de malaise ou de trouble physique, moral ou Intellectuel. On peut affirmer que si, avec sa constitution frêle et nerveuse, avec cette âme ardente qui souvent la mettait en péril. Il a vécu jusqu'à cinquante-trois ans, c'est en grande partie à la sollicitude incessante en même temps qu'à la fortifiante sérénité de sa digne femme qu'il le doit.

On a dit souvent que la mort est la grande épreuve des caractères; mais Il y en a une autre qui n'est pas sans Importance pour l'appréciation d'un caractère, c'est celle du mariage. Tout homme, si distingué qu'il soit d'ailleurs, qui s'engage dans ce lien indissoluble et sacré sous l'influence d'un calcul de fortune ou d'ambition est un homme dont le moral est Incomplet, et en qui la fierté du caractère et la délicatesse du cœur sont faiblement développées. Le mariage d'Alexis de Tocqueville était en parfaite harmonie avec toutes ses nobles qualités; Il avait épousé jeune par suite d'un attachement profond, éprouvé par le temps et les obstacles, une jeune personne sans fortune, et il avait fait en définitive le meilleur des calculs, car il a dû à cette union vingt-cinq ans de ce bonheur intime du foyer où l'homme puise des forces pour braver les agitations de la vie publique et en même temps résister à ses séductions. Si Alexis de Tocqueville avait eu besoin d'être fortifié dans ses principes, il l'eût été par la noble compagne qu'il s'était choisie: il avait rencontré une âme qui, avec plus de calme, était de même trempe que la sienne, très ferme dans les grandes épreuves de l'existence, supérieure à toutes les vanités, désirant pour son mari de la gloire plutôt que de la puissance, et ne comprenant l'ambition que dans la ligne du devoir

Aux plus grandes qualités de l'esprit et du caractère, Alexis de Tocqueville réunissait les plus séduisantes. Quiconque l'a connu n'oubliera jamais tout ce qu'il y avait d'attrait et dans sa figure si fine et si gracieuse, en même temps si ferme et si franche, et dans ses manières si dégagées de tout apprêt, si simples et en même temps si élégantes, et dans sa conversation, où le naturel le plus parfait redoublait l'agrément de l'esprit le plus vif, le plus ingénieux, le plus varié. Nous avons vu peu d'hommes considérables qui possédassent au même degré que lui ce don du naturel qui prend sa source dans un fonds de sincérité, de modestie et de dégagement de soi-même. Non-seulement il savait parler très bien sans s'écouter et plaire sans coquetterie, mais il savait écouter les autres, s'intéresser à leurs idées, soit en les combattant, soit en les approuvant, s'abandonner au mouvement général d'une conversation en s'oubliant complètement lui-même, et cela sans aucun effort de politesse, pour son plaisir à lui autant que pour celui des autres. Trop fier pour être vaniteux, doué d'une intelligence trop active et d'un cœur trop ardent pour connaître cet ennui qui poursuit quelquefois les hommes politiques inoccupés, il attachait très peu d'importance à une foule de bagatelles qui tiennent souvent une assez grande place dans la vie des personnages les plus sérieux.

Quoiqu'il n'eût aucune sauvagerie, quoiqu'il se prêtât sans peine au commerce du monde, où il était naturellement très recherché et où il apportait tous les agrémens de son esprit, la part de futilités et d'aimables petites duplicités qui se mêle forcément à l'existence d'un homme de salon le fatiguait bientôt, et il aspirait à retourner à la vie simple et tranquille des champs. En général, il n'était jamais plus charmant que dans un très petit cercle. Un seul ami quelquefois suffisait pour alimenter le mouvement de son esprit. Entre sa femme et son ami, Ampère par exemple, il eût vécu joyeux dans une Thébaïde. Il est vrai que l'on pourrait être beaucoup plus mal partagé. « Nous sommes gens tous trois, lui écrivait-il, à nous consoler aisément à la maison de ce qui se passe au dehors, et c'est le cas de dire de nous trois ce que Pascal disait de lui seul, qu'il portait sa pluie et son soleil au dedans de lui-» Malheureusement ce *vagabond d'Ampère*, comme il l'appelait, lui échappait de temps en temps. Il savait alors s'arranger de la solitude, et il nous écrivait à nous ces lignes qui peignent assez bien son caractère, ce genre de gaieté douce, nuancée de mélancolie, que nous retrouvons assez souvent dans sa correspondance :

« Je mène toujours la vie que vous savez, écrivain avant le déjeuner, paysan après. Je trouve que ces deux manières de vivre font quelque chose de complet qui m'attache malgré la monotonie. Je me suis remis sérieusement à mon livre, et je bâtis une magnifique étable à cochons. Laquelle de ces deux œuvres durera plus que l'autre? Hélas! je n'en sais rien en vérité. Les murs que je donne à mes cochons sont bien solides. En attendant, la vie s'écoule avec une rapidité dont je commence à m'effrayer. »

Nous parlions plus haut de sa modestie, elle était aussi vraie que sa fierté. Il avait des convictions très absolues; mais quand il s'agissait de les communiquer au public, soit par la parole, soit par la plume, il était sans cesse en défiance contre lui-même, craignant toujours de ne pas les rendre avec toute la force et la précision désirables. De là dans ses discours de tribune, surtout au début de sa carrière politique, quelque chose de tendu, de laborieux, où l'effort de la méditation ne laissait pas assez de place aux bonnes fortunes de la parole improvisée. Cependant un de ses amis, M. Lanjuinais, nous faisait remarquer dernièrement qu'il y avait eu en lui de grands progrès sous ce rapport, et qu'il devenait de plus en plus un orateur quand la tribune s'est fermée. Nous nous rappelons en effet l'avoir vu très éloquent dans une des séances orageuses de l'assemblée législative qui suivirent l'expédition de Rome. Interrompu presque à chaque phrase par les vociférations de la montagne, il s'arrêtait, crispant ses lèvres fines, dont le mouvement indiquait la fermeté de son âme, et reprenait après chaque pause son argumentation avec des paroles chaleureuses, spontanées et aiguisées en quelque sorte par une articulation mordante. Malheureusement il manquait de force physique, et son cœur était trop passionné par ses convictions pour que sa frêle enveloppe pût supporter impunément de pareilles secousses.

Dans ses livres, sa défiance de lui-même n'avait plus les mêmes inconvéniens : l'art d'écrire, sauf de très rares exceptions, ne se concilie guère avec l'improvisation. Ici l'extrême facilité est presque toujours le signe caractéristique de la médiocrité. C'est évidemment au travail qu'il devait d'être un des écrivains de nos jours qui ont su renfermer le plus d'idées dans une page, et rendre avec la plus admirable précision les nuances les plus délicates d'une idée. Même après ce travail obstiné de la forme, il n'était pas encore tranquille, et avant de produire son œuvre devant le public, il éprouvait le besoin de la communiquer à ses amis, pour recevoir leurs avis, et non pour s'attirer leurs éloges; ce n'est pas qu'il fût enclin à changer facilement d'opinion sur le fond des choses, mais il tenait à savoir s'il avait bien rendu son opinion. Si on le critiquait, il se défendait avec ardeur, se tourmentait beaucoup; rentré chez lui, il pesait la critique, et, s'il la trouvait juste, il se rendait avec une modestie et une ingénuité touchantes chez un homme d'un esprit tout à la fois si absolu et si supérieur, Nous en citerons un exemple. Avant de publier son dernier ouvrage sur *l'Ancien Régime et la Révolution*, il en avait communiqué les épreuves à un ami obscur, intérieur à lui sous tous les rapports, mais dont il se sentait véritablement aimé, et dans le jugement duquel il avait quelque confiance. L'avant-propos, qui contient aujourd'hui de si belles pages, était alors très écourté; la conclusion était moindre de moitié. L'ami lui fit remarquer que dans son ardeur à suivre toutes les manifestations de l'esprit d'égalité à travers l'ancien régime, il avait fait la part trop faible à l'esprit de liberté, que dès lors on pourrait induire de son livre qu'il n'accordait à cet esprit de liberté qu'un rôle insignifiant dans la révolution, et que cependant il ne pouvait méconnaître que la constitution de i)l, expression directe de l'esprit de 89, ne fut aussi libérale que démocratique, qu'elle était même trop libérale, car, en réduisant trop les attributions du pouvoir exécutif, elle rompait trop brusquement avec des habitudes de centralisation déjà anciennes, et dont il avait le premier si bien constaté l'existence. Il reconnut cela, mais il répondit qu'il se réservait dans un prochain ouvrage spécialement consacré à 89 de faire la part de l'esprit de liberté; l'ami objecta, et il ne croyait point, hélas! prédire si juste, que l'on ne savait pas ce qui pouvait arriver, que ce prochain ouvrage pouvait tarder longtemps à paraître, et qu'en attendant, le sentiment libéral, qui certainement a sa part et une grande part dans le mouvement de 89, serait presque passé sous silence dans un livre on l'auteur conduisait souvent son analyse du sentiment de l'égalité jusqu'au seuil de cette grande époque. L'ami lui fit remarquer encore que le dessin de ce second et futur ouvrage, si important au point de vue libéral, n'était pas assez indiqué dans l'avant-propos du premier; que, pris dans son ensemble, cet avant-propos était trop sec; que s'il y avait beaucoup de gens qui ne lisaient pas les préfaces, en revanche il y en avait aussi beaucoup qui ne lisaient que cela, surtout quand le corps du livre était très sérieux. Il termina en l'engageant à refondre et l'avant-propos et la conclusion. Alexis de Tocqueville partit tort agité et médiocrement gai. « Notre conversation d'avant-hier, écrivait-il le surlendemain à son ami, m'a bien tourmenté, et j'espère bien servi. Je fais de mon mieux du moins pour introduire non-seulement dans l'avant-propos, mais dans le dernier chapitre qui est encore en épreuve, de quoi, j'espère, vous satisfaire. Je vous ferai parvenir celui-ci dès que je l'aurai en épreuve. » Et quelque temps après l'ami voyait revenir les épreuves de l'avant-propos et de la conclusion, le tout refondu et orné des belles pages que tout le monde a admirées, et entre autres de celle que nous avons citée plus haut sur l'esprit de 89, avec ce billet d'envoi : « Je me hâte de vous envoyer la tête et la queue de mon œuvre. L'avant-propos est le fruit de la conversation que nous avons eue ensemble il y a quinze jours. J'espère qu'il répondra à l'idée que vous vous en faisiez, et vous paraîtra ce que vous croyiez qu'il devait être. »

Ce fonds de modestie, qui s'associait chez lui à une grande fierté de caractère, le rendait non-seulement facile à embarrasser par une louange trop directe, mais disposé à cacher même ce qui le flattait le plus dans les démonstrations sympathiques ou admiratives dont il était quelquefois l'objet. Après l'éclatant succès de son dernier ouvrage, il avait fait en 1857 un voyage en Angleterre; il y avait été reçu avec ce fanatisme que la haute société anglaise manifeste de temps en temps pour les étrangers illustres qui ont conquis son admiration et son estime. Les salons et les clubs les plus exclusifs de Londres se disputaient la faveur de sa présence. Le gouvernement anglais lui-même s'était associé au public en donnant à ce simple particulier un témoignage de considération aussi éclatant que délicat, car, au moment où il se préparait à se rembarquer dans le port le plus voisin de Cherbourg, un capitaine de frégate était venu lui annoncer qu'il avait reçu ordre de mettre son bâtiment à sa disposition, et que le gouvernement anglais voulait se donner le plaisir de le faire reconduire chez lui. Quelques heures plus tard, le navire anglais entrait dans la rade de Cherbourg, et, après les saluts d'usage, il déposait sur la rive un petit monsieur en paletot avec sa malle, et repartait immédiatement, afin de constater qu'il n'était venu que pour ce petit monsieur. Combien d'autres se seraient arrangés pour communiquer ce fait à tous les organes de la publicité! Alexis de Tocqueville en prit si peu de souci, que nous doutons qu'aucun journal de Paris en ait jamais parlé. Nous nous rappelons seulement qu'un journal étranger qui se pique d'être bien informé, apprenant qu'une frégate anglaise avait amené quelqu'un à Cherbourg, annonçait à ses lecteurs qu'il s'agissait d'un aide-de-camp de l'empereur des Français qui venait de régler le cérémonial d'une entrevue avec la reine d'Angleterre à Osborne, dont il était question alors, et que cette méprise faisait beaucoup rire Alexis de Tocqueville. Ce que nous pouvons affirmer, c'est qu'un des meilleurs amis de ce dernier, qui l'avait précisément accompagné dans ce voyage d'Angleterre, mais qui était revenu avant lui, n'a tout récemment appris le fait que par nous-même.

C'est au commencement de l'automne dernier que l'affection de poitrine dont souffrait l'illustre écrivain lui fit sentir assez gravement ses atteintes pour le déterminer à se transporter dans le midi de la France, à Cannes, avec Mme de Tocqueville. C'est là que la mort l'a surpris, car, comme cela arrive parfois dans les cas de phthisie pulmonaire, il se croyait en voie de guérison au moment où son état n'offrait plus d'espérance; mais la mort l'a trouvé depuis longtemps préparé à la recevoir. Le sentiment religieux avait toujours tenu une grande place dans ses idées et même dans la pratique de sa vie. Cette disposition naturelle et ancienne a pu s'accroître encore dans ses derniers momens; mais, pour tous ceux qui l'ont connu, il n'y a point lieu de s'étonner, ainsi qu'on le pourrait faire d'après certains récits, qu'il soit mort comme il avait vécu, en chrétien, assisté également de toutes les consolations de la famille et de l'amitié. Outre sa femme, M. de Tocqueville avait autour de son lit de mort deux frères tendrement aimés, son neveu, sa belle-sœur, un ami d'enfance, M. Louis de Kergorlay; il avait eu le bonheur de passer quelques jours avec le fidèle compagnon de son voyage en Amérique, M. Gustave de Beaumont. D'autres amis bien dévoués aussi et bien chers, M. de Corcelle et M. Ampère, demandaient à venir lui prodiguer leurs soins; il les retenait loin de lui par discrétion, et aussi par suite de l'illusion qui le trompait sur la gravité de son état. Abusé jusqu'au dernier moment par ses lettres rassurantes et gaies, M. Ampère était venu de Rome se réjouir avec lui de sa convalescence, lorsqu'il apprit sa mort à Marseille: il n'arrivait à Cannes que pour rencontrer son cercueil.

Alexis de Tocqueville laissera dans notre histoire politique et littéraire une trace durable. Député, représentant du peuple, ministre, il n'a point figuré, il est vrai, parmi les chefs les plus puissans des partis qui ont divisé le pays. Il était enclin à suivre dans sa ligne de conduite ses inspirations personnelles plutôt qu'à se prêter aux exigences d'un rôle politique. Cependant, comme ses inspirations étaient toujours honnêtes, désintéressées, et souvent empreintes d'un rare caractère de sagacité, il a eu en de certains momens la bonne fortune de voir plus loin et plus clair dans l'avenir que beaucoup d'autres, et l'histoire lui tiendra compte de cette prévoyance. Écrivain, il a publié peu de livres, mais ce sont des livres excellens, et à une époque où l'on pêche en général par la surabondance des productions, sa sobriété même lui sera un titre de plus à l'attention de la postérité. Il a su du reste se faire auprès d'elle un titre plus sûr. Laissant de côté tous les faits passagers de son siècle, il s'est attaqué au grand problème du présent et de l'avenir, il a composé avec un admirable talent une œuvre qui s'est déjà répandue parmi toutes les nations, parce qu'elle les intéresse toutes également, et qui pourrait être, comme l'œuvre d'Eschyle, dédiée *au temps* ; elle a été écrite pour lui, et c'est le temps qui, au lieu de la détruire comme tant d'autres, la garantira de la destruction.

Un dernier trait enfin qui pour nous complète cette figure si noble et si pure d'Alexis de Tocqueville, c'est le sentiment tendre et poétique qui l'a porté à vouloir que sa dépouille mortelle repose dans l'humble cimetière du village où tous l'aimaient. Il montrait, il y a quelques années, à un de ses amis la place qu'il avait choisie. Ce n'est pas une pensée aristocratique qui lui a dicté cette dernière volonté : il n'y a point dans le cimetière de Tocqueville de tombeau réservé à sa famille, quelques-uns de ses ancêtres sont peut-être ensevelis dans les caveaux de l'église ; mais ce qui est certain, c'est que son père, qui a vécu et qui est mort loin de cette résidence, n'y est point inhumé. S'il a voulu, lui, reposer dans ce petit cimetière délabré, planté de quelques pommiers (on met des pommiers partout en Normandie, jusque dans les cimetières), ceint d'un mur très bas qui en permet la vue à tous les passans, que l'on traverse d'ailleurs et qu'il a lui-même traversé tant de fois pour entrer à l'église, c'est que dans ce village, dans le manoir qui l'avoisine, dans les bois paisibles, dans les belles allées, dans les belles prairies qui l'environnent, Alexis de Tocqueville a vécu vingt-cinq ans heureux, avec une femme digne de lui, entouré de l'attachement, de la confiance, du respect d'une foule de cœurs simples que sa mort a plongés dans la tristesse, et qui garderont à jamais son souvenir. C'est là qu'il venait oublier les agitations et se consoler des déceptions de la vie politique, c'est là qu'il a passé en faisant le bien, travaillant avec sa plume à éclairer, à moraliser l'espèce humaine, tandis que sa main secourable soutenait et dirigeait tous ceux que la Providence semblait avoir plus particulièrement confiés à ses soins, et c'est au milieu de ceux-là qu'il a voulu dormir de son dernier sommeil. Sa tombe illustrera l'humble cimetière du village de Tocqueville. Plus d'un voyageur, soit de France, soit d'Angleterre, soit d'Amérique, en suivant la route de Cherbourg à Barfleur, s'arrêtera pour venir saluer cette tombe, car c'est celle d'un homme qui fut aussi grand par le cœur que par l'esprit, dont la vie fut sans tache, qui n'a jamais trahi la sainte cause qu'il avait embrassée dès sa jeunesse, et qui a bien mérité de son pays et de l'humanité.

LOUIS DE LOMENIE.

1. ↑ *De la Démocratie en Amérique*, t. Ier, *introduction*, p. 22.
2. ↑ On sait que Montesquieu avait composé cette dernière invocation, très élégante d'ailleurs, pour être placée en tête du livre XX de l'*Esprit des Lois*. Un judicieux ami le détermina à y renoncer.
3. ↑ *Journal d'un Voyage aux mers polaires*, par J.-R. Bellot, p. 72.
4. ↑ Tocqueville, *De la Démocratie en Amérique, introduction*, p. 9 et 10.
5. ↑ *De la Démocratie en Amérique*, t. IV, p. 322.
6. ↑ *Démocratie en Amérique*, t. IV, p. 335.
7. ↑ *L'Ancien Régime et la Révolution*, p. 317-318.
8. ↑ *L'Ancien Régime et la Révolution, avant-propos*, p. 18 et 19.
9. ↑ *De la Démocratie en Amérique*, t. IV, p. 323.